RETRATOS COM ERRO

EUCANAÃ FERRAZ

Retratos com erro
Poemas

Copyright © 2019 by Eucanaã Ferraz

Grafia atualizada segundo o Acordo Ortográfico da Língua Portuguesa de 1990, que entrou em vigor no Brasil em 2009.

Capa
Kiko Farkas/ Máquina Estúdio

Preparação
Márcia Copola

Revisão
Thaís Totino Richter
Renata Lopes Del Nero

Dados Internacionais de Catalogação na Publicação (CIP)
(Câmara Brasileira do Livro, SP, Brasil)

Ferraz, Eucanaã
　　Retratos com erro : poemas / Eucanaã Ferraz. — 1ª ed. —
São Paulo : Companhia das Letras, 2019.

　　ISBN 978-85-359-3189-1

　　1. Poesia brasileira I. Título.

18-21795　　　　　　　　　　　　　　　　CDD-869.1

Índice para catálogo sistemático:
1. Poesia : Literatura brasileira 869.1

Iolanda Rodrigues Biode – Bibliotecária – CRB-8/10014

[2019]
Todos os direitos desta edição reservados à
EDITORA SCHWARCZ S.A.
Rua Bandeira Paulista, 702, cj. 32
04532-002 — São Paulo — SP
Telefone: (11) 3707-3500
www.companhiadasletras.com.br
www.blogdacompanhia.com.br
facebook.com/companhiadasletras
instagram.com/companhiadasletras
twitter.com/cialetras

Sumário

DOBRA N. 2

Autobiografia, 11

Precisamente, 13

A grande ilusão, 14

Flores, 16

A céu aberto, 18

A mais dura e brilhante, 19

Fantasia, 20

Venham ver — *The Two-Headed Lady*, 21

Duas, 27

Aberração, 28

Juno, 29

A sua pessoa, 33

Um grande caso, 34

Montevidéu, 35

Karaokê Okuyama, 36

Coisas da ciência, 38

Muros brancos, 39

Ideal, 41

Desgraça, 42

Canto coral, 44

Zero, 45

Edward Weston, 46

DOBRA N. 3

No paiol onde sonhava, 49

Nem, 52

Do contrário, 53

Roteiro, 54

Infortúnio, 56

Motel, 58

Desordem, 59

Dorothy, 60

Vista daqui, 62

Pequeno príncipe, 63

Mágica, 64

Lira, 65

Descendência, 67

Outro rio, 68

Viagem, 69

Matéria, 71

Incêndio, 72

Nicanor Parra, 2018, 74

Funâmbulo, 76

Letreiro, 78

Doutrina, 80

Dorothea Lange:, 82

DOBRA N. 4

A saber, 85

Feira, 87

Liquidação, 88

Coração do Brasil, 89

Frágil, 90

Lar, 91

Conta-corrente, 92

La Llorona, 94

Meninas, 96

Daí, 98

Foto, 101

Patético, 102

Obra, 103

Lamento, 104

Linhas aéreas, 105

Cachorro: esboço, 107

Green god, 108

A poeta, 110

Fortuna, 111

Elegia, 112

Encantamento, 113

Minolta (anúncio 1976), 116

Do autor, 117

DOBRA N. 2

Autobiografia

O tempo começa a ser contado em sua garganta
formam-se anéis entre sua biologia
e tudo o que vive fora dela.

§

Organismos antiquíssimos vêm à cena e nesta hora
o Grande Número antecedeu a todos na prática dos fogos
porque o sangue está adiante e acima de quaisquer metais
em qualidade posição importância.

§

Quando a mágica desceu sobre sua cabeça
pedras e bichos já não eram noivos
e ninguém sabia mais cantar os cantos dos campônios
que trouxeram as primeiras palavras
ainda no tempo dos cavalos.

§

Deixou a casa da infância para ir ao deserto
dançou na direção dos grandes pátios
mas o pó dos labirintos insistia nos sapatos
e seus cabelos pesavam cobertos de antepassados.

§

Mil vezes se embebedou de mel ruim.

§

Quase se fez homem mas parecia longe e triste ter de ir às guerras.
Quase foi mulher sonhava não pedir ou tomar nada ao mundo.
Não foi menina nem menino nem ao menos.
Quis mais que voltar a ser a avó paterna de seu pai
e viveu dias em que podia ver o mundo através do mundo.

§

Cumpridos os ritos da maioridade fugiu
com a gente ruidosa do teatro para não sentar à mesa
primitiva do primogênito.

§

Depois trocou tudo por espelhos.
Depois perdeu.
Depois vieram outros espelhos.
Depois se cortou.

§

Nunca foi como deve
ser um número uma série uma classe.

§

(Este romance não conta coisas ouve a voz delas
quando são imagens
e as sílabas servem para isso.)

Precisamente

Seis faces quadradas
de um mesmo tamanho
amo o cubo branco
forma sem mistério
mas não só por isso
amo o cubo branco
por ele ser pauta
de apenas um tema
o nu (antes que)
amo o cubo assim
branco todo à tona
coisa de si mesmo
como um traço negro
mas não só por isso
amo o cubo branco
toldo generoso
porque nele somos
(se quisermos ser)
justos calmos nítidos
isso não explica
meu amor de todo
amo o cubo branco
porque nele tudo
me recorda a casa
rosa toda rosa
que era a minha avó.

A grande ilusão

Pedi ao mágico que me desaparecesse.
Não estar nem ali nem lá.

Não estar em mim
nem em mim.

Largar a multidão lá fora
o bilhete no telefone.

Por um instante.

Sumir completo pedi ao mágico
e sem rastro.

Tanto faz o truque o gás o revólver.
Por um instante um infinito já.

Suma comigo é sábado
na caixa dos arabescos onde vivem as espadas

onde se escondem as pombas mulheres
cortadas ao meio

entre estrelas de mentira sob cadeados de vidro
e o silêncio maciço nos cobre com sua capa.

Pedi ao mágico.
A exceção cristalina de uma ausência inteira.

Essa pequena ilusão.
Esse breve massacre.

Aí o mágico riu deu as costas
e saiu.

Flores

11
Indigente em Bertioga
a família conseguiu
enfim autorização
para seu sepultamento.

17
Os índices alarmantes
pelo interior do estado.

22
Gozando de liberdade
condicional quando o crime
foi registrado na tarde
da última quinta-feira
no conjunto Santa Mônica
situado em Caçapava.

37
Augusto Sampaio Reis
professor da rede pública
de 44 anos
encontrado em sua própria
casa no sábado 11.

52

Ocorreu na estrada velha
que vai para o conhecido
posto da coletoria
no morro da Capelinha.

81

Por traficantes da zona
oeste de Santo Antônio
do Pinhal com vários golpes.

83

O eletricista na hora
que os ocupantes do carro.

84

O homem que dirigia
identificado como
Marquinhos da Funerária
de 54 anos.

97

O bandido sanguinário
era funcionário público
ocupando um cargo na
Secretaria de Estado
para a Promoção da Paz.

116

A arma foi encontrada
mas o corpo até o momento.

A céu aberto

Mesmo os aviões que seguem apressados
para a guerra parecem lentos e nuvens alheias
tremulam flâmulas leões relógios que se rasgam
e se refazem abstratos vagarosos países de papel
moeda plástico cartões de identidade sem rosto
só engano.

Tudo azul perfeitamente azul como se
(era preciso um céu que já não fosse este)
fio finíssimo um destino que nunca se rompesse
trouxesse a paz que imaginamos ontem mas
sobre a terra pisam apressados canhões caravanas
espetáculos mortos em bando batem à porta
dos bancos onde os embaixadores tremulam degolados.

A mais dura e brilhante

Os diamantes desanimaram de nós.
Adeus civilizações natureza humana.
Desistiram desertaram cansaram de nosso desinteresse
de nossos interesses não suportam nosso amor-próprio
                              [não querem
outra ironia não engolem nossa negligência repugna-lhes a ideia
de sentarem-se ainda uma vez ao lado de nosso tédio
não se espantam mais com nossos desertos silenciam
frente à ineficácia de nossa exuberância desdenham nossa
                              [verborragia
dão de ombros para indecisões incêndios que lhes parecem agora
frios requintes não levam mais em conta espelhos triunfos
obras-primas cacaréus os diamantes é o que vos digo
estão fartos não se comovem mais com nossa crueldade
nossa estrela fatídica parece-lhes ridícula arrependimentos
não os convencem e ainda assim alardeamos volutas
                              [de excelência e boa vontade
mas os diamantes simplesmente desinteressaram-se
de nós nosso rancor não os adoça fuzis não os ferem
rimas soam no vazio inútil pintar de rosa nossa arrogância
cobrir de orquídeas o lixo danem-se as bibliotecas
os museus que se fodam.
Os diamantes saíram.

Fantasia

Quando nasceu na rua mais um miserável
fiz que lhe entregassem o trono
e a Rainha.

Houve festa na torre vizinha então dancei
com pés que nunca foram meus
mazurcas que eu nunca dançaria.

A noite gastei-a inteira na imortalidade
esquecida por alguém num canto e já depois em sonho
desejos não me pertenciam.

No dia seguinte
mandei para o prisioneiro violetas frescas
vodca e farinha.

Venham ver — *The Two-Headed Lady*

Millie e Christine McCoy
lindas negras e siamesas
famosas no Barnum Circus:
rouxinol de duas cabeças.
Millie e Christine McCoy
nascidas na Carolina
do Norte — filhas de escravos —
quem poderia supor
que chegariam a Londres
onde a rainha Vitória
não escondeu seu espanto:
lindas negras e siamesas!
Assombros do fim do século.

Millie e Christine McCoy
negras na mesma negrura

perfeitamente siamesas
inversamente simétricas

dividindo um só escuro
um poço comum e pouco.

Millie e Christine McCoy
perfeitamente uma só.

Mas se amaram o mesmo homem
qual das duas foi amada?

As duas? Nenhuma delas?
Qual terá sido feliz?

Qual terá sido traída?
Qual sonhou viver na China?

Qual se embriagava de rum?
Qual tentara se matar

dividindo a vida em duas
como se rasga um papel?

Se amaram homens diversos
qual aprendeu a chorar?

Qual cedeu ao sacrifício
de se arranhar pelas pedras

onde a outra roçagava
os veludos da alegria?

Millie e Christine McCoy
pobres negras e siamesas.

Qual das duas era o tigre
no pesadelo da outra?

Desgraçadas infelizes
sempre juntas e sozinhas.

Qual rezava o Padre-Nosso
se a outra se masturbava?

Qual insultava mais alto
o destino que as fizera

um mesmo monstro fechado
com sete chaves lançadas

no fundo de alguma praia
onde as sereias existem?

Millie e Christine McCoy
lindas feias e siamesas.

Qual das duas é Christine?
A que tem meias furadas?

E qual das duas é Millie?
A que tem hálito azedo?

Tão iguais e imperturbáveis
na pose para o fotógrafo.

Tão sozinhas e perdidas
uma da outra e cingidas

por um cinto de nascença
que jamais as desprendeu

suas flores confundidas
num mesmo vaso absurdo.

Qual terá traído o trato
de não desejar ninguém?

Qual das duas foi amada?
Duas esposas e um homem

ou uma esposa-rouxinol
com duas vaginas e um gozo?

Qual terá sido infeliz?
Nenhuma delas? As duas?

Qual sonhou viver em Roma
sozinha — depois de morta

a outra quando serradas
ao meio pelo palhaço

no alto do trampolim
sob os aplausos mecânicos

dos chimpanzés e dos ursos?
Millie e Christine McCoy

germinadas por engano
como uma e eram duas

e foram chamadas de uma
e foram chamadas de duas.

Se eram negras — se era negra
se eram lindas — se era horrível

ninguém soube o certo ao certo.
Christine e Millie McCoy

assombro da natureza
as siamesas poliglotas

a mulher de duas cabeças
que falava cinco línguas.

Qual se banhava de gim?
Qual suspirava saudades

do tempo em que não sabiam
que os rouxinóis de verdade

têm somente uma cabeça?
Famosas no Barnum Circus

passarinhos de má sorte
dividindo o mesmo grão

estragado.

Mil novecentos e doze.
No dia oito de outubro
morrem de tuberculose
Millie e Christine McCoy.

Duas

Disseram que a amada estava morta.
Morta declarou o óbvio categórico.

Mas outra voz surgiu por trás da hora:

busca a tua amada nos destroços disse a voz
anda vai buscá-la na catástrofe
trata de encontrá-la nos ferros do desastre
faz com que reviva
renovada e mais perfeita se inteira retornará
depois de devorada pelo instante retornada ao sim
depois do nada.

E acontece assim a heroína contrária à coerência e às causas
no inverso do que fosse inelutável
obedece ao que lhe diz a voz e vai buscá-la
a amada
a fim de que formem duas a unidade.

O tempo então não passa para que as cortinas se abram
as cortinas se abrem aqui estão
ambas
e uma só fronte
(porque seus olhos não se voltaram para ver
o esqueleto dos acontecimentos).

Aberração

Tomei posse do lugar que toda gente almeja.
Os que me veem reconhecem e mordem-se de inveja.
Ou não se mordem — não têm dentes.

Mostro a dentadura em risos largos.
Amor — este é meu nome
e não há caderno ou documento que o dome.

Esqueçam tudo o que eu disse.
Eu era apenas eu.
Hoje não tenho nome.

Distraí-me do que contam a língua sombria dos professores
[e os fados.
Não tomo parte no azul dos dias tristes.

Vou pelo outro lado.

Juno

Passam helicópteros
passam automóveis
passam aviões
os refugiados
passam nas manchetes
as notícias passam
livros apodrecem
mudam-se as vontades
os relógios crescem
cortam-se os cabelos
e no entanto é junho
desde aquele dia
os lençóis da noite
retornaram brancos
já passou setembro
trinta carnavais
já lavei as mãos
um milhão de vezes
já troquei de pele
e no entanto os dias
permanecem junho
os jornais não sabem
dizem que na China
fabricou-se um tempo
em que não é junho

mas de que me servem
outubros de lata
cobertos de ouro
março abril e maio
vendem-se baratos
em caixas de vidro
nas lojas de Tóquio
entre cerejeiras
de flores perplexas
porque tudo é junho
desde aquele junho
marinheiros sabem
este é um mês escuro
os faróis se acendem
ondas trazem restos
de dezembros mortos
que não vão embora
que ficam nas praias
quebrando nas pedras
velhas ampulhetas
junho nos desertos
sempre é mais bonito
as dunas caminham
num silêncio reto
sem nenhum destino
sem saudade alguma
das chuvas caindo
sobre os calendários
nos jardins supérfluos
dos grandes palácios

ou nos vasos plásticos
dos supermercados
mesmo a flor-de-maio
converteu-se a junho
exibindo em ramos
corolas de cobre
abertas em fogo
numa primavera
que jamais se move
nunca é germinal
nunca é messidor
sempre é sempre junho
tudo está suspenso
desde aquele dia
quando o sol subia
no mais alto norte
línguas livros nada
sempre o mesmo verso
surpreendentemente
sempre o mesmo verso
deito durmo acordo
visto cem camisas
uma sobre a outra
uma igual à outra
deito durmo sonho
que me chamo junho
e que toda a vida
dura trinta dias
deito durmo acordo
sempre o mesmo susto

medo de que junho
logo chegue ao fim.

A sua pessoa

Minha mulher tem cabelos inabaláveis
estão cada dia mais longos são cabelos
que não param de crescer na extensão
de um giro completo de minha mulher sobre si mesma.
Irradiam-se do alto seguem pelos ombros vão nos calcanhares
e os seios se iluminam quando ela anda em modos de salgueiro.
Minha mulher cresce parece que leva uma fonte com ela.
Lavo perfumo escovo seus cabelos faço isso pacientemente
como um servo e posta sob a cabeleira radiosa assim
já não se vê o antigo rosto de minha dona é preciso adivinhar
ou recordá-lo. Essa mulher de cabelos escuros e tremendos
desde que a vi pela primeira vez nos casamos
e não paramos de avançar contra os cabeleireiros
contra o fogo contra os livros contra as leis que nos casaram.
Beijei seus cabelos quando escrevi o verso no qual começa
                             [o mundo
e será desse modo
até que o sangue me arraste para fora de suas franjas.
Cabelos de mulher. Durmo entre eles. Acordo.
Minha mulher seus cabelos e eu moramos na mesma casa.

Um grande caso

Se não tinham tudo para dar certo
nem tinham tudo para dar errado
não tinham quase nada eu diria.
Mas existia entre eles uma
espécie especial de coincidência:
era como se vivessem a história
de amor entre a Branca de Neve e
oh! o Abominável Homem das Neves!
Uma coincidência idiota portanto.
E assim nem precisaram ser felizes.

Montevidéu

O Rio da Prata tem das praias a areia as ondas dobrando
contra as bordas o limo e as pedras cortadas pelo vento.

Sentamo-nos à beira e esperamos
porque de longe parece vir um búzio uma pérola um desígnio.

Ficamos ali.
Estamos ali.

Nada nos chega de nenhum destino
e nesta hora o rio é o oceano sem notícias.

Passa-se muito tempo.
Ante um tempo assim gasta-se um rosto inteiro.

Karaokê Okuyama

O Fuji ao fundo se ergue
como uma espiga de plástico.
Fica muito bem o Fuji
de fundo para o tablado.
Os desgraçados parecem
felizes e cantam alto.
Talvez estejam felizes.
Sei como é. É o meu caso.
Todos nós compartilhamos
a insensata sensação
de que a noite morreria
se com ela não cantássemos.
Cantamos todos então
perfeitos quase sublimes
porque os bêbados não cansam
de perseguir o perdido
que se gasta nos açúcares
do amor e das valentias.
O Fuji cobre de neve
no escuro o nosso ridículo.
Quanto a mim tenho por conta
que as canções todas do mundo
são tristes e assim nos fazem.
Mas no seu azul parado
sobre cômicos aplausos

o vulcão já não parece
ter de nós nenhuma pena.
Eis um cone indiferente
entediado quem sabe
porque agora já passamos
das quatro da madrugada
na cidade de São Paulo.
O Japão está cansado.
O Fuji sonha o silêncio.

Coisas da ciência

Cientistas dão o nome de *membro fantasma*
a esta parte do corpo — que o corpo recusa-se
a deixar no lixo.

Não creio em fantasmas ou vida após a morte
no entanto veja o que se deu comigo:
braços

que nem são meus (são seus) brotaram três
no meu ombro esquerdo e veja os cabelos
retornaram fio a fio (são seus) compondo-

-me este novelo ao redor da cintura.
O fato é que um corpo amputado ressurgido
no lugar errado é pouco prático.

Muros brancos

Pergunto agora com quem você fala
enquanto dorme ou não é você que fala
quando fala enquanto dorme pergunto
se em você acorda uma espécie de hóspede
que se queixa — com quem? — de tudo
estar mudo àquela hora e por isso fala
alto porque talvez tenha saudades de cantar
enquanto você dorme. Considero a hipótese
de um emissário sem rosto sem nome
(que vigília e sol não decifram) enviado
por ninguém desconhecido. Para não morrer
você fala enquanto dorme? Falar
é uma onda e quebra contra a morte?
Sua voz no sono parece vir do umbigo
se seu timbre é de cicatriz que desperta
e exibe a mesma navalha com que a fizeram
embora ostente vingança toda nova para vencer
a pedra que puseram sobre ela. Sua voz
anda sozinha pelo quarto não sei se perfeita
de si mesma não sei se desamparada. O certo
é que perfura uma porta na parede medonha
da cegueira e se lança dentro do relógio e lá
é uma sala em que vivem e conversam as estátuas.
Quem sabe sua voz provém dos muros brancos
da infância onde a mãe enterrou o garfo

com que comer a língua dos filhos. Onde assenta
o lixo dito em tais circunstâncias? Flutua?
Suponho que as sílabas formem por fim no teto
lagartixas invisíveis então indago se estalactites
você pode vê-las enquanto dorme. Escuto
mas sei que sua voz não fala comigo. Sua voz
não tem pares quando desata nas águas do jardim
escuro; quem o atravessa? De outra vez porém
nem é escura ou escusa sua voz e vara o breu
em luz projetada como braço que tenta se desatar
do sono; penso que o braço que busca se abrir
da inércia talvez fraqueja por isso se desfaz antes
que a mão pouse na cabeceira alguma explicação.
Ou então o braço que sonhava ser um ramo em fogo
se recusa a persistir no mundo (o quarto é o mundo)
mais que o tempo de dizer ao mundo (guarda-roupa
cama amontoado de roupas livros cabos o prato sujo
são o mundo) que ele o recusa (o mundo) e por isso
voltará depressa para o sono. Seus cabelos crescem
até a praia entre lençóis de cimento. Existe o medo
e existe um pênis desenhado a azul na sua testa.
O chão treme à garabulha dos guindastes enquanto
você fala quando dorme e é possível que por isso
da sua voz caia o maldito açúcar que os navios
quando ainda meninos espalharam sobre a cama
em que você descansaria mas agora sua voz
não tem onde dormir.

Ideal

Convidado para fazer parte de uma gangue
(algo entre irrealismo antropofágico e banditismo sentimental)
consenti porque me disseram que dela
também fazia parte a Golgona Anghel.
Aceitei com orgulho
que tenham esquecido as flores
mas houve também um cheque em branco
um comprimido branco sem nome
uma passagem para as Ilhas Waly Salomão
um vale-refeição
para almoçar no Pingo Doce e um isqueiro
que asseguraram também é microcâmera
e não sai de linha desde 1945.
Assegurei que sim voltarei a fumar.
Ofereceram-me também uma antologia
dos talvez melhores poetas bandidos mortos
meus futuros companheiros.
Indaguei pela Golgona não responderam percebi
que era melhor evitar perguntas.
Não teve conversa fiada oficial de iniciação.
Ainda bem.

Desgraça

Vim ao mundo para escrever sobre o rapaz
que se apaixonou pelo detector de fumaça no quarto do hotel.

Ele vai cruzar no corredor com a rapariga
que se apaixonou pelo aparelho de ar condicionado.

Descerão no mesmo elevador evitando o olhar
no espelho um do outro.

No saguão formidável o faraó é escoltado por trezentos
em fila perfeita como soldados dourados advogados
enquanto batons retocam secretárias no vidro fumê e
de repente o elevador se abre o rapaz vai na direção
do balcão a garota parece que vai sair ela vai pedir um táxi
não sei o que fazer com eles mas corro na direção do rapaz
que nesse momento socorre a poltrona de veludo nitidamente
bêbada que tropeçou na sua frente quando
ele marchava rumo ao oriente.

Ainda posso ver a jovem que se apaixonou
pelo aparelho de ar condicionado entrar no carro de mãos dadas
com um helicóptero.

A essa altura da tragédia resolvo por instinto salvar algumas
[frases

da culpa primordial que nos lançou nesta piada hostil e indiferente
mas logo o coro de arrumadeiras intervém:

"Existir não será uma história contada por um idiota
é antes um castigo do qual a morte
precoce há de ser a única libertação razoável."

De dentro da piscina vazia minha voz revida:
"Chega de ações! Precisamos de palavras!"

Canto coral

Quem será por nós
se os fados são contrários?
Ninguém.

O que será de nós
se o feito é contra nós?
Nada.

O que seremos nós
se mentimos?
O culpado.

Quem dizemos
quando se diz *nós*?
Nenhum.

O que nos pôs em direção
a nós?
Medo.

O que nos salvará
do mundo?
Nem.

Zero

Esta letra — eu não a procurava
nem era perdida nem era a chave
de qualquer coisa que eu não esperava
e não a vi sonhada asa avançando
em minha direção sua caixa-alta
e não a pressenti talvez minúscula
inclinando-se como se — *itálica* —
me declarasse em sua língua-enigma
um segredo nem nunca me lembrei
de procurá-la no lixo nem nos livros.

Pois veio ter à roda dos meus dias
como um cachorro manso se aproxima
e nos fareja com seus olhos grandes.
Não sei o que quer de mim. Quererá?
Não sei se letras sentem fome. Não?

E sem perguntar pergunto: qual estrela
ou que vestígio gráfico ou que asterisco
ou mesmo que metáfora (daquelas
que perfeitas vêm à ponta da língua
e no instante seguinte simplesmente
somem) cintila mais que esta letra?
O brilho arbitrário — sem nenhum nome.

Edward Weston

Esteve a fotografar
o seu vaso sanitário.
Na beleza colossal
da vasilha reluzente
encontrou todas as curvas
da divina forma humana
(mas sem as imperfeições).

Nunca os gregos atingiram
uma tal consumação
no apogeu de sua cultura
(Vitória de Samotrácia)
pensou ele então consigo
vendo o avançar de contornos
graduais e elegantes.

Depois vieram cebolas
cogumelos conchas pedras.
Por sorte ele não sabia
(ou quem sabe se fingisse):
sentir que uma coisa é bela
significa senti-la
necessariamente errada.

DOBRA N. 3

No paiol onde sonhava

Para Fabrício Corsaletti

Quando ao pé da casa em festa
mesmo as pedras eram jovens
eu era o mais belo e moço
entre a relva e as estrelas.
As nuvens me obedeciam
repetindo passo a passo
a dança que lhes dançava
girando nas capoeiras
recém-abertas na mata.
Caçador pastor flautista
eu era verde e dourado
por entre campos de feno
e o cheiro bom do carvão.
Os galos imaginavam
(se os galos imaginassem)
que eu era o sol que nascia
quando eles cumprimentavam
bom dia e eu respondia
tão simplesmente bom dia
depois de uma noite em claro
no colo que eu mais amava.
E de fato eu poderia
dizer que mesmo os cavalos
a chuva e as margaridas
sabiam de cor meu nome.

O tempo não me pedia
nada e eu nada lhe dava.
Os deuses quando existissem
tinham decerto esse rosto
onde exulta a juventude.
Palavra tão desvairada
— juventude juventude —
pássaro de tantas cores.
Na casa era sempre festa
grandes panelas risadas
primos primas correria
algodão groselha maio
escorrendo pelo tanque
de cimento que brilhava
como os olhos de Raquel
como a voz de minha mãe
cantando rosas de pano
em varais de céu a pino.
Juventude juventude —
tédio beleza arrogância.
Quem disse que a morte existe?
Nenhuma pluma é tão bela
— juventude juventude —
quanto as da sua camisa
diz-lhe o espelho submisso.
O cansaço era bem-vindo
e o sono beijava fácil
meus olhos sem nenhum susto.
Um dia talvez dormisse
no paiol onde sonhava

cidades só de futuro
e acordei num tempo alheio:
nenhuma lua nem céu
nem sequer a madrugada
nem o rumor cristalino
do voo das lavadeiras
nem o tremor de uma folha
caindo sobre o capim.
A casa era outra agora
distante daqueles dias
quando as pedras eram jovens
quando eu era rude e moço.
Ou nem há casa nenhuma
só a terra envilecida
onde o tempo nos despreza
quando já não somos verdes
e nossos versos são tristes.
Tivesse havido um tal tempo
dos homens e deuses juntos
era a mão adolescente
tomando pela cintura
a eternidade dos dias.

Nem

Momo e no entanto magro
sempre tive *o dom*.

Poderia por exemplo deixar de ser magro sem esforço
mas não poderia — tentei muitas vezes — não ser o bobo.
É *um dom*.

Desde menino reconheceram-me o mérito a qualidade
natural inata és mesmo o bobo tens *o dom* diziam.

E agora sou eu quem vos digo:
nada é melhor do que não ter nenhum poder.
Nenhures. Nem.

Ter apenas a dádiva.
Ser o monstro.

Do contrário

Sou contra o mistério não entro não compro não visto
não ando com não curto não aturo atravesso
para o outro lado sou contra o segredo não tenho
não uso desprezo desligo.

Eu vos desprezo
oh orquídeas-eunucos que brotam no escuro crescem
para dentro gozam no medo.

Roteiro

Daí quebram as pernas do ladrão
porque ele ainda está vivo.
Ele diz algo a Jesus mas um avião
passa baixo na hora helicópteros
filmam o instante exato em que as nuvens
cobrem a legenda.

O segurança tenta reagir e volta atrás porque
está
vacilante ao ver que o sujeito
está
armado e foge após o crime mas a vítima que ainda
está
no telefone é informada de que sua moto
está
morta nos fundos da igreja onde o criminoso
está
preso mas segundo testemunhas o ladrão
está
livre e as coisas não podem ficar como
estão.

A mãe da vítima diz que viu a Virgem Maria.
O segurança diz que não viu nada.
Os policiais são vistos bebendo apartamentos e fuzis.

O delegado assegura que o meliante está sozinho
e embora tenha as pernas quebradas
seguiu a pé sentido Paraíso.

Infortúnio

Pouca sorte têm os pobres de espírito
porque foram expulsos do reino.

Pouca sorte têm os mansos
porque decretos guardam as fronteiras.

Pouca sorte têm os que choram
porque hão de secar.

Pouca sorte têm os que têm sede de justiça
porque os juízes almoçam e jantam do outro lado.

Pouca sorte têm os misericordiosos
porque foram devolvidos à própria sorte.

Pouca sorte têm os limpos de coração
porque dormirão em barracas

e as estradas se cobriram de pó.
Pouca sorte têm os pacíficos

e ponto-final.
Pouca sorte têm os que padecem perseguição

porque mísseis e ministros
jogam dados em salões dourados.

Pouca sorte têm os que têm pouca sorte.

Motel

Deitada no chão em decúbito no caos
quando dorme a razão produz assombros.
Quando sonha a razão produz assombros.
A insônia da razão produz assombros.
Após uma noite maldormida a razão produz assombros
mas quando acorda bem-disposta julga que
os assombros têm razão de ser e afinal são seus filhos.

Desordem

A ordem do dia é este descampado
coberto de pó e de soldados.

A ordem pública mantém em perfeito estado
a injúria enquanto a ordem jurídica ri.

A ordem cronológica promete salvar os náufragos
— voto inútil

se a ordem social encena uma tragédia sem deuses
desde que a Ordem da Cavalaria matou os hereges.

A Ordem do Banho secaria todos os rios e isso não era suficiente
para lavar os ingleses.

Da Ordem de Cristo sobrou a insígnia porque a geometria
está na origem de tudo.

A ordem toscana é sólida simples terrena.
O poema também é sólido simples terreno.

Dorothy

Não era para ser assim.

Era para ser como deve ser com cisnes de vidro ursos de veludo
vaginas de plástico dentes de ouro camas de hotel garrafas vazias;
não devemos amá-los; nenhum apego ao último cigarro à noite
extrema ao último comprimido; uso breve óbvio façamos dos

[isqueiros
e das canções no rádio; nem mais um gole nem um remédio para
o que não passa; mas você se apaixonou pelo homem de lata.

A despeito dos conselhos surda aos planos razoáveis você
se apaixonou pelo homem de lata; para você ele é mais belo
que o mais faiscante faqueiro de prata mais belo que as naves
da Nasa; você ama refletir-se nele na superfície dessa caixa
vazia mas você pondera não é um cofre parado seria antes
um automóvel sem volante só o metal cintilante semovente
portas fechadas por dentro ninguém dentro e oh você ama
seguir ao seu lado; óleo; cigarros; tivesse lá um coração
você saberia o que fazer cortá-lo em fatias muito finas
e comê-lo; todo ele no entanto é oco aço sobre o qual você
desperdiça unhas lixas gravando tripas maternais líricas
enquanto entre coisas ele segue contente como nas frases
fáceis as palavras conformadas ao triunfo de serem úteis
limpas monstruosas você pensa que talvez por isso o ame.

Mas ele é só um homem de lata um ele de lata você diz repita
cem vezes você diz a si mesma a essa que chamam de si mesma
e pergunta que diabo de mulher é você de quem roubaram
o nome; lata de lata repisa batendo no peito vazio; os outros
nomes todos foram sequestrados restaram lata e lágrima;
é preciso não amá-lo pensa enquanto pensa que nada explica
a beleza estranha das flores de estanho desabrochando folhas
de flandres ou o que passa em brilho invisível no entre as frases
fáceis monstruosas e dizer homem de lata é apenas repetir
o que vem escrito na etiqueta da fábrica; dane-se o coração
ele é seu homem e basta.

Vista daqui

Não poderia ser ela.

No entanto eram os mesmos sapatos e o mesmo vestido
o mesmo andar e o mesmo cabelo.
Entrou no edifício.

Não era ela.

Quando saiu os saltos não eram os mesmos
nem o vestido nem o andar nem os braços
nada se parecia com ela.

Agora no entanto era.

Pequeno príncipe

Podia ser levado ao pé da letra um tal retrato
porque nele eu usaria osso músculo
e só.

Perfil exacerbado se
do começo ao fim as linhas seguiriam
isentas do que nelas vissem as gentes e o espelho.

Olhos de anis ou não. Nariz de tanto faz.

Em tal retrato eu usaria amor mais
nada — sob qualquer prisma — ainda
que se quebrasse a tinta.

Mágica

Disse *amor* diante de um rosto impassível
para que o amor existisse.

Disse e era ridículo que o repetisse
mas outra vez e mais uma vez

diante de um rosto impossível
para que o amor existisse

disse: *amor* — perfeitamente em vão
vejam bem senhoras e senhores

como esperasse que a ervilha
na vagem amadurecesse à luz de um vocábulo:

dia
— apenas porque o disse.

Lira

Existem muitos homens
alguns são tão bonitos
você faz muito bem
assim de praticá-los.
Também os homens feios
podem ser agradáveis.
Há outros e são tantos
nem belos nem o oposto
que povoam as noites
compridas com seus braços
suas bocas ao comprido
conversando sem fim.
E existem as mulheres
algumas são tão lindas
mesmo quando feias
você faz muito bem
de se deixar por elas
que sempre estão além
de tudo o que se diz
sobre elas serem elas.
Tanta extensão excita
você faz muito bem
de prolongar a rota
aportando em seu
apartamento-quarto

ou indo para onde
seja mais largo o catre.
Você faz muito bem
de tomar um café
convenientemente
com pão na padaria
(enquanto o tempo corre
como qualquer ladrão)
e de dormir sem culpa
o sono do cansaço
o sono da preguiça
porque gastou as horas
divertindo-se muito
quando era madrugada.
Há muitos tantos caras
da sua idade e mesmo
do seu porte e sotaque
do seu cigarro e bairro
sem falar nas meninas
do seu tipo e de um signo
que se liga no seu.
E a qualquer hora rolam
os vídeos do YouTube
e o tal do *carpe diem*.

Descendência

Compreendo que o homem tenha coroado
morta a rainha que lhe mataram.
Era preciso sempre coroá-la.

Julgo razoável a vingança esmerando-se
à perfeita aberração do amor além da morte
e coroá-lo.

Entendo o gosto do amante
ao ver arrancados os corações dos que lhe mataram
a amada. Penso que foi justo e nobre.

Beijei com gosto a mão fria.
Nossos amores assassinados
devíamos todos coroar em rainha.

Outro rio

Na memória ficará somente o rio.
Nem um verso ficará somente o rio.
A memória secará somente o rio

ficará.

Na memória nem um risco ficará
do que hoje recomponho pedra a pedra
quando lembro das palavras e do vento.

Viagem

1. O texto

Então passei pelo tradutor automático isto que aqui vai.
Como se fosse toda a minha vida
(toda a nossa vida).
Comecei com línguas mais nossas conhecidas:
francês espanhol italiano inglês alemão.
Depois passei para romeno filipino basco mongol
letão sérvio malaio.
Como se as palavras viajassem
(como se viajássemos).
Até voltar ao português.
Toda a minha vida.
Como se viajasse por línguas
para saber o que sobra.
Para saber o que se suporta.
Para testar (o que ficaria de nós depois da volta?).

2. A tradução final

Nós viemos aqui como um controlador automático.
Como isso afeta minha vida?
(ao longo de nossas vidas).
Começamos em uma linguagem comum.

Francês Espanhol Italiano Inglês Alemão.

Então eu deixei Romeno Filipino Basco Mongol
Letão Sérvio Malaio.

Parece que esta viagem está sendo executada
(Viagem).

De volta a Portugal.

Toda a vida.

Como ir em uma língua estrangeira?

Do acima.

Saiba o que é o jogo.

Volte para nós.

Matéria

Guarda-te de quem não fala
do cão que não ladra
do coração avaro.

Nem toda palavra é prata;
a melhor palavra é barro (plástico);
só o silêncio que reluz é ouro.

Incêndio

Quando as luzes apagam os braços parecem imprestáveis
se em países distantes vivem os interruptores.
Os trens permanecem parados mesmo quando
movo os dedos e nas bibliotecas os filósofos se acenderam
quando Sócrates se envenenou de *quem sou eu*.
Pressinto ensinamentos por exemplo se o guarda-chuva
rompe ao contrário o náilon empurrado pelo vento.
Escrevo esse verso e de repente cai sílaba a sílaba
a mesma chuva de quando atravessei as montanhas
no verão passado. Coincidências me tomam de alegria
mas não sei o que significam e as enciclopédias
não explicam de onde vêm o que são
estes fósforos rápidos contra a parede-cega dos dias.
As barbas das bibliotecas crescem no silêncio
enquanto nas livrarias a fuligem acumula
nas túnicas dos melhores autores do mês passado.
Há quem leia os grandes romancistas russos
mas nem sempre estamos bem-dispostos.
A gripe é um estado de espírito do corpo.
Interruptores de hotel me irritam.
Filósofos me interruptam.
Sabedoria é um guarda-chuva que abre
ao contrário e só então o mundo funciona.
Os livros que não li talvez me compreendam
mas era preciso acordar cedo e fazer a barba

dos nomes que esqueci.

As lombadas desbotam à luz do sol.

Cigarros não deviam fazer mal.

Acontece que por vezes estamos cansados
ou temos preguiça e não queremos vestir
ou desvestir camisa alguma.

A roupa é um estado de corpo do espírito.

Os países parecem parados à noite no entanto os desertos
eu sei avançam assim como o descaso espalha seu veludo
e os grandes romancistas russos cansaram-se de mim.

Mas se não se pode fumar
pra que serve esta caixa de fósforos?

Nicanor Parra, 2018

Não está em casa nem em Valparaíso.
Faz tempo que andava
escrevendo poemas espantosos e dando aulas espantosas.
Mas acabou a comédia bastou uns instantes e ele partiu
para Chillán de bicicleta
(Chillán não fica mais em Chillán).

Nem mais um dia!

Quando perguntam por ele digo que anda no sul
que só voltará no mês que vem
que está com varíola que fiado só amanhã.
Não atendo ao telefone.
Não ouve o barulho do telefone?
O barulho maldito quase enlouqueceu o pobre homem.

Foi ele mesmo que disse se perguntassem por ele
podíamos responder que o levaram preso
ou que foi a Chillán visitar o túmulo do pai.
Quando volta? Finjo que não ouço.

Não trabalhará nem mais um minuto.
O que fez já basta.
Não basta tudo o que fez?

Jurou que não escreveria nunca mais um verso
e assim será nunca mais.
Jurou não resolver mais nenhuma equação.
Será assim agora nenhuma.
A coisa terminou para sempre disse
e agora será sempre para sempre.

Funâmbulo

Lá está ele.
Não se trata de técnica. Não se trata de cálculos.
Talvez tenha sido o contrário: a estupidez.

Ele não sabe o chão que o ameaça nem se aqui
embaixo a boca dos ciclones ri afiada
dentes de siso.

Tudo para ele parece paisagem parada
se calmo campeia rente às bordas posto nuns fios
altíssimos entre edifícios de vidro e nada o impede.

Alguns o dizem louco.
Outros sentenciam: suicida.
Como subiu?

Querem saber as convicções do aramista mas
convicto ele afirma que não traz nenhuma consigo
porque é preciso estar leve. Nem fé.

Está lá apenas porque é um sujeito equilibrado.

(Wallace Stevens por exemplo
trabalhou a vida inteira numa companhia de seguros
onde chegou a vice-presidente.)

Deve ser doido.
Outros celebram o destemido:
Viva o volantim!

Letreiro

Estava escrito *fim* desde o início.
Desde os poemas sob a chuva fina
podiam ver estava escrito *fim*.
Em aliança em arco em cena em breve
em cheio em guerra estava escrito *fim*.

Fotografias luzes de aeroporto
fichas de hotel — e lá no fundo estreito
do corredor depois de trinta portas
de cinquenta portas iguais fechadas
ali num canto o papel perdido:

um telegrama? A mensagem: *fim*.

Desconfiaram que era algum enigma
e decifrá-lo não pedia esforço.
Mas prosseguiram contra as evidências
foram avante com seus lábios cegos
embriagados do que não soubessem.

Iluminuras tomavam os dias
em letras grandes dourados abriam-se
os dicionários e deles saltavam
canções de amor palíndromos golfinhos
versos com o mesmo número de sílabas.

É preciso não odiar os olhos
que viram o que tinha de ser visto.
(Poderiam ter evitado todo este ridículo.)
Estava escrito lá — desde o início.

Doutrina

Um olho sozinho
sozinho e parado
dentro de um triângulo.
Um olho absoluto
que tudo perscruta.
Disseram: é Deus.
Sonhei muitas vezes
com aquele desenho
do olho boiando
acima de tudo
perquirindo as coisas
e dentro de nós.
Passados os tempos
esqueci daquilo.
Nunca mais sonhei.
Passados os tempos
me lembrei de novo.
O que me espantava
era um tal destino:
do que não sabemos
fazermos sem conta
matéria e limite
ou ainda: forma.
Um olho sozinho.
Disseram: é Deus

sozinho e parado.

Parado. Sozinho.

Dentro de um polígono.

O que me espantava

e ainda espanta

é o sonho no sonho

sua íris branca

perquirindo as coisas

que nunca se esquecem.

Acima de tudo

lembro todo o tempo

de que não sabemos

de nenhum destino.

E os tempos boiando

os sonhos boiando.

Nunca fiz a conta.

O que mais assombra

é dentro de nós

forma: forças fluxo.

Dorothea Lange:

Não é por acaso que um fotógrafo
se torna fotógrafo tal como
não é por acaso que um domador de leões
se torna um domador de leões.

(Acrescento:

tal como o fotógrafo é um domador
de acasos
não é raro que uma fotografia se desdome
em leão.)

DOBRA N. 4

A saber

Tinha dezessete anos quando o Criador separou a luz
e as trevas
a ilha do Governador e os continentes.
E achou bom.

Os trens levantavam cedo
mas na lua havia música e era lá que as horas me pertenciam.
Desprezava o que me oferecessem
então planejava coisas novas feitas só de beleza e sexo.

Deus fez as chuvas de verão as amendoeiras
e o meu cachorro.
Achei bom.

Eu e meus amigos fizemos a praia
cigarros e elepês de capa dupla.

Estava tudo muito bem
mas o Senhor se aborreceu por algum motivo
e criou as aulas de matemática.
As aulas de matemática ficaram sob responsabilidade do Diabo
que jogava futebol e portanto passou a acumular funções.

Minhas primas eram a alegria onde eu passava férias
nas areias de janeiro.

Esqueci de dizer que Deus criara as férias
se Ele próprio de férias desde então
deixando inacabado seu lindo enorme romance.

Não fui eu quem fez o mundo
e sei que isso conta a meu favor.

Livros de barba e gravata vendiam barato
a eternidade divina mas
eu queria a eternidade terrena.
Ainda quero.

Nada desejei além deste mundo
menos os fundos
que nos escondem do mundo.

Quiseram que eu fosse.
Não quis.

Feira

Fiz os papéis de Horácio e Rosencrantz
fui Ofélia
fiz o papel de Valtemando
fiz Osrico e Luciano
fiz os papéis de Cornélio e Bernardo
fui um dos coveiros depois fui o outro
fiz o papel de Francisco fiz o papel de Laertes
fiz o papel de Marcelo de Guildenstern e de Polônio
e a Polônio servi como Reinaldo
fui Fórtinbras fui o Fantasma do Pai
e Cláudio
atuei como o Primeiro Ator
atuei como o Segundo Ator
fui nobre dama soldado marujo mensageiro serviçal
fiz o músico mas que tocasse alaúde não é verdade
fiz o papel de Gertrudes interpretei o Padre fui o Capitão
ou nunca fui.

Liquidação

Não é pelo valor do casaco
e longe de ser o melhor
talvez nem agasalhava.
Lã de menos. João-ninguém.

O fato (o facto) é que aquele casaco
era eu.

Não posso dar parte à polícia.
Como assinar a queixa?
No bolso foi meu nome
com a chave que o guardava.

Tudo o que fui é o casaco.
Só o ladrão sabe de mim.

Coração do Brasil

O céu não termina é todo alumínio as nuvens são lentas
o carro a duzentos parece parado a estrada atravessa
monótona e reta planícies de soja e milho transgênicos
a estrada é a ordem o céu a duzentos parece parado
as nuvens são lentas o carro atravessa monótono e reto
planícies paradas de milho transgênico a estrada é o progresso
seguimos em frente a estrada a duzentos o carro é a ordem
é tudo alumínio o céu não termina as nuvens são todas
planícies de soja monótonas retas o milho é o progresso
parado transgênico a estrada é o céu o milho parado
a reta a duzentos seguimos em frente o céu do progresso
é todo transgênico as nuvens de milho de milho parado
são lentas planícies o carro é o progresso a soja é a ordem
o céu de alumínio são lentas o carro duzentos as nuvens
parado atravessa o milho em planícies transgênicas lenta
a estrada é o céu o carro prossegue parecem paradas
nuvens de mentira e nunca arrebentam.

Frágil

O frio não deixa dormir o osso entre ruínas aviões
farejam a mulher colhe pedras para o amante morto
para o filho desaparecido e a neve cai sobre eles.

Os relógios abandonaram a soberba desde ontem são cães
e têm medo.
É preciso não ter nenhuma pena dos relógios.

Os homens partem em barcos que não chegam
nem retornam e a língua que levam e o país
que não viram morrerão no alto-mar com eles.

Esta sirene contínua é o silêncio que não descansa
de lhe crescerem garras.

Os teatros se esfacelaram.
Os livros ficaram brancos.

Batem à porta.

Os sonâmbulos acordaram?
Batem à porta. Ninguém.
São os punhos escuros da neve
batendo contra o telhado.

Lar

Nunca houve flores mais belas
que as dos jardins persas
nem paz nem festa como aquelas
nem outro mais perfeito ouro-azul
que suas primaveras levantando rosas
entre ondas álgebras de fumo e de cabelos.

Conta-corrente

Antes que o dia se quebre
fazer o cadastro breve
de tanto tempo perdido
os jornais não foram lidos
há catástrofes recentes
as guerras nunca terminam
fazer as contas de novo
para fazer o que seja
os meses não duram muito
não duram mais que dois dias
é preciso então fazer
com que se cumpra o contrato
um pouco de paciência
e era até fácil fazer
do trabalho um sacerdócio
da obrigação uma virtude
bastava isso e ser santo
fazer o sinal da cruz
fazer jus fazer justiça
um cavalo de batalha.

Enquanto isso ela dorme está bonita assim
o braço estendido os cabelos.

A luz — ouro! — do dia mija sobre as esquadrias.
Esta hora é um bandido que vem e leva tudo
embora — leva o tanto faz leva o tanto fez.

La Llorona

Há de ser a jovem que se apaixonou do mais belo soldado
e o mais belo soldado teve com ela uma filha; mas
o herói cantava bonito então se casou com uma princesa;
bastou isso para que a infeliz afundasse no rio a sua menina;
depois se matou mas o arrependimento não a deixa morrer
de todo por isso ela volta e chora alto sua máquina torpe.

Talvez a alma de La Malinche penando
porque traiu nosso povo.

Dizem ser a mulher que muito rica uma vez na viuvez
perdendo-se dela a riqueza não suportou a miséria então
afogou os filhos matou-se e retorna para penar o crime.

Outros contam da moça que morreu um dia antes do casamento
por isso o buquê de espinhos para o noivo espantado.

Alguns afirmam que assassinada pelo amante a dama aparece
lamentando o sucesso tão infeliz de ser a morta
de seu homem que a fez morta.

Ouvi dizer que é o espírito da dona traída que matou o marido
e matou os três filhos; matou três vezes o marido; matou
com trinta tiros cada vez que o matou; depois

estourou o ouvido e passou a vagar por aí
punindo de morte santa os infiéis.

O certo é que chora e canta.

Meninas

1. Cecília M.

A babá lhe contara a história
do Palácio de Louça Vermelha —

— ela desde então achou esplêndido
ir viver em semelhante casa

e sentiu-se inteiramente apta
a fazer de seu castelo o jarro

que dormia no canto da sala.

Mas os velhos muito responsáveis
se esforçando para bem guardá-lo

de seus sonhos tanto procuraram
um lugar que o mantivesse a salvo

que lhe partiram o paço.

2. Sophia de M. B. A.

Morta a avó o jardim seguia semiabandonado.
Mas trazia imensas rosas para casa.
Havia sempre um grande jarro cheio delas
em frente da janela no seu quarto.
E ela desfolhava e ela comia as rosas
mastigava-as tentava captar qualquer coisa
a que depois chamaria a alegria do universo.

Daí

Entrego os pontos faça o que quiser
com eles será melhor que lhe sirvam
de partida mas para mim são pontos
de partida perdida são requintes
da grandeza que partiu nos ladrilhos
este sem-número de telefones
aos pedaços. É pouco? Pontos são
tão só flutuação e não são pontos
de equilíbrio são abelhas talvez
sei que não são pontos cardeais sei
sei muito bem que eu deveria ter
usado algum que nos abreviasse.
Mas se fecho os olhos vejo seus olhos
eles brilham e se apagam velozes
pontos de luz faróis numa cidade
que não conheço mas voltasse a ela
depois de um tempo todo ausente um lapso
um tempo liso: o passado aqui
não pode erguer os seus portões dourados
se esta cidade não sabe o que sabe
aos hospitais onde nascem os álbuns
de fotografia e se tento vol-
tar aos lugares em que não vivi
sou fascinado pelos azulejos
novos cobrindo de brilho o vazio

estragado pelo que se queimou
e antes que eu me ponha triste sou
apanhado súbito pelo filme
da lembrança projetada nos fundos
cegos dos condomínios então gozo
o tempo a cintilar seus dedos límpidos
sobre a pele dos cadáveres que
regressaram comigo. E no entanto
não sinto sede da cidade que
não vi um dia se a tivesse visto
desde que maravilhado assisto à
condensação do mundo à minha roda
com o interesse de um cão que divisa
alguém passando na calçada oposta
e apenas morde a sombra projetada
sobre a paisagem submetida inteira
a essa espécie de escada centrífuga
seguindo para o alto para a frente
sem nenhum nome em nenhum degrau.
O nosso nome nenhum deus o soube.
O nosso nome estava ainda em curso
e os livros passam longe do seu pátio.
Cercas elétricas quintais de ferro
vetam a língua que lhe toque o rosto.
Não saberemos o nome que fomos.
Nunca o diremos e pensamos que.
A boca é fácil e fácil se engana
se o grão é doce no fundo do nome
mas o grão não se abranda ao dente frágil
o grão se recusa à tinta da fala.

Todo destino guarda um nome intacto
um nome em arco que jamais cruzamos.
Quem soube um dia cantá-lo no vento?
Quem viu a hora que o deixou dormir
abaixo muito abaixo das estradas
no sol escuro dos jardins de pedra?
Entrego os pontos vou de mãos vazias.

Foto

Eis o retrato sem nenhum retoque:
agora é o tempo da canção imóvel
sob a sombra do teu rosto assim quieto
o que era o sol agora é sono e tédio
o que vibrava agora é vidro opaco
agora é o tempo do verso estragado
pela ilusão de nos bastarmos nele
a madrugada se apagou na pele
o meu carinho agora é um gesto seco
é o teu silêncio que me diz é o tempo
de um céu deserto céu sem céu o certo
é fecharmos as portas esquecermos
a hora é grande agora e nos separa
por letras mortas como um dicionário
entre os teus dedos foram-se as cidades
e há muitas pedras nos meus olhos áridos.
Este o retrato sem nenhum retoque.

Patético

Recuso a discrição e a elegância.
As horas em que nos fazemos reis
é quando nos tornamos mais mendigos.

Não tragam pão e água; isso é fácil.
Quem vive apaixonado não quer menos
que o luxo da alegria a todo custo.

Medalhas literárias que me importam?
Dispenso os complicados arabescos
das joias e gravatas de marfim

(mas posso versejar em decassílabos
se amar exige que desça ao ridículo.)

Obra

Fim de tarde saudade setembro.
Horas flébeis
disse você no telefone citando o Sá-Carneiro.

E agora meses depois acrescento:

nem cristal nem prata
foi numa daquelas embalagens de alumínio
para viagem que trouxe o que sobrou da alma

era pouco mas era tudo o que eu retinha no fim
do dia quando enfim constataria que minha vida
inteira no caminho se estragara.

Lamento

Embora lembre de tudo
de tudo nitidamente
(havia dunas coqueiros
estrelas fósforos rápidos)
parece que vai distante
o grande rio do norte.

As cores parecem longe
vistas de dentro do espelho
e os mapas já não recordam
a direção das estradas
se mesmo a rosa dos ventos
parece quebrada
e cega.

Nenhum rastro permanece
naquela praia do norte
tudo se foi apagando
sob o sol forte dos dias
e bem sei que nunca voltam
as águas daquele tempo
(parece que nunca houve
braços poemas penhascos).

Linhas aéreas

Comer no avião é triste.

Só há um prato: ilusão.
A comida não existe.
Aceitamos. Mastigamos.
O som das batatas chips
quebrando-se contra os dentes
é o rádio que nos embala
com sua gordura e seu plástico.

Poucas coisas são mais tristes

do que comer no avião.
Diante da mesa retrátil
aguardamos enganados.
Tudo não passa de alpiste.
Somos pássaros de acrílico
e éramos tigres famintos
de banquetes improváveis.

Ter de comer no avião.

Pobres de nós — como é triste.
E se os mortos retornassem?
E se os deuses existissem

pisando o mesmo tapete?
O que diríamos nós
de tamanha humilhação
e do acanhado apetite?

Coca zero. Tudo zero.

Metendo o nariz nas nuvens
— nas tristes tripas de nuvem
das nuvens — comer é triste
e é nada se não comemos
estrelas ou pelo menos
um bife que se pareça
com elas — a luz! — quem dera.

Cachorro: esboço

Não é preciso que tenha três cabeças
basta que seja verde para que não seja.
O cão é apenas um cão se não tem as orelhas maiores que
o resto do corpo.
É apenas ele se não for maior que seu dono.
Se tem escamas cobrindo o focinho
é cão nunca visto portanto não é.

Humanos divisaram o cão em tempo remoto
sabem como se afigura e daí os cães de cor
se parecem entre si se não erra a memória
de quando o testemunhamos na primeira
e única vez: cachorro.

Podemos descrevê-lo mas é preciso cuidado
e cálculo. Não ter asas por exemplo
é o que se espera do cão.
Ele não pode ser colossal como a pedra e a água.
Não deve ser estupendo. O cão espantoso
torna-se horrendo então nós o metemos em nossa alma
e dele os dentes passam a se chamar *o mito*.

Green god

Este limão
aberto ao centro;
vê? arde como
Vênus ferida
à luz do dia;
sente o sal no
vento? sabe a
sêmen; vem da
beira-mar; vê?
luminescente
este verão
ferido ao centro
ácido arde
aberto à luz
no vento; vê?
este limão
aberto ao sal
do dia arde
Vênus ferida
ao centro; vem
na luz o sêmen;
cintila; sente.

*

Então na aula de tópicos avançados de pavimentação
foi para a rua vestindo um colete verde
fosforescente.

Parecia uma árvore suponho parecia um cacto
uma araucária um super-herói de plástico um punhado
de algas que veio dar no asfalto.

Lamento não ter estado lá para ver
de entre coisas talvez turvas nítido imagino
despontar como se não fosse um deus.

A poeta

Talvez coubessem agradecimentos
a d. Luís de Almeida Portugal e Melo Silva Mascarenhas
vice-rei do Brasil por uma década
nos áureos anos mil e setecentos.

Seria justa decerto a homenagem
mesmo que de um poeta assim pequeno
três séculos depois em vassalagem
pelos haveres e benfeitorias.

Mas reverencio nele o bisavô
de Sophia — que um dia escreveria
"Meditação do duque de Gandia
sobre a morte de Isabel de Portugal".

Fortuna

Era bonita e sozinha
vivendo em Patos de Minas.
Então o destino veio
na forma mais que perfeita
de um tenro Príncipe húngaro.

Lindo perfeito suave
romântico húngaro Príncipe
com quem nunca nem sonhara.

Então da fortuna a roda
colocou-os lá no alto.

Porém nascida uma filha
Sua Majestade sumiu
(foi pra uma cidadezinha
lá nos nortes de Goiás)
e nunca mais deu notícias.

Da fortuna a roda doida
se diverte sem ter dó.

Elegia

Vila Nova de Famalicão:
o cemitério do Moço Morto
há de ser o mais triste que existe.

Terra do grão interrompido:
o vinho seguia nas uvas ainda
e o pão estava a meio do caminho.

Chão onde o último veio primeiro:
campo feito santo pelo sangue
derramado na degola dos carneiros.

Cemitério que levou meu noivo
que levou o meu irmão mais novo.

Encantamento

A mão que riscava
o mapa do mundo
que traçava as setas
cruzamentos círculos
flechas luas vi
a mão que arranhava
com giz no assoalho
de pedra as quinas
irreconhecíveis
dos nossos destinos
em pontos e retas
cristalinos vi
o Todo explicava-se
o Nada dizia-se
bem como as escarpas
os metais os mares
montanhas galáxias
os mortos os bichos
as rosas completas
os números livres
razão divindade
riscados a giz
nos arcos simétricos
em anéis concêntricos
tudo iluminado

acendido a giz
ladrilhando a pedra
repisada vi
a mão que contava
as rotas do mundo
que firmava flechas
que cruzava flechas
em circunferências
estrelas esquinas
luas setas vi
a mão que feria
com pedra na pedra
a sabedoria
incompreensível
dos tempos perfeitos
ao lume dos símbolos
na ardósia do chão
à tona das coisas
diante dos olhos
tratados compêndios
eu vi eram linhas
nada mais que linhas
não havia morte
nada perguntava
eram só respostas
ao conhecimento
que silenciasse
que se resumisse
a flechas e grafos
eu vi era claro

era só o olho
sem dentro sem fora
os centros abertos
as línguas caladas
o Todo translúcido
o Nada era sólido
na pronúncia pura
de seus diagramas
riscados na laje
mas símbolos eram
apenas desenhos
diante dos olhos
que compreendiam
sem nunca entender
e nem perguntar
nenhuma ciência
eu vi em prodígio
a pedra cantava
na pedra cravava
seu giz encantado.

Minolta (anúncio 1976)

Quando você é a câmera e a câmera é você.

Do autor

POESIA

Livro primeiro. Rio de Janeiro: Edição do autor, 1990.

Martelo. Rio de Janeiro: Sette Letras, 1997.

Desassombro. Vila Nova de Famalicão, Portugal: Quase, 2001; Rio de Janeiro: 7Letras, 2002. Prêmio Alphonsus de Guimaraens, da Fundação Biblioteca Nacional.

Rua do mundo. São Paulo: Companhia das Letras, 2004.

Cinemateca. São Paulo: Companhia das Letras, 2008. Prêmio Jabuti.

Sentimental. São Paulo: Companhia das Letras, 2012. Prêmio Portugal Telecom de Poesia.

Escuta. São Paulo: Companhia das Letras, 2015.

Trenitalia. Rio de Janeiro: Megamini, 2016.

Poesia (1990-2016). Lisboa: Imprensa Nacional-Casa da Moeda, 2016.

INFANTOJUVENIL

Poemas da Iara. Ilustrações de André Sandoval. Rio de Janeiro: Língua Geral, 2008.

Bicho de sete cabeças e outros seres fantásticos. Ilustrações de André da Loba. São Paulo: Companhia das Letrinhas, 2009.

Palhaço, macaco, passarinho. Ilustrações de Jaguar. São Paulo: Companhia das Letrinhas, 2010. Prêmio Ofélia Fontes, pela Fundação Nacional do Livro Infantil e Juvenil, O melhor Livro para a criança.

Água sim. Ilustrações de André Sandoval. São Paulo: Companhia das Letrinhas, 2011.

Em cima daquela serra. Ilustrações de Yara Kono. São Paulo: Companhia das Letrinhas, 2013.

Cada coisa. Ilustrações de Eucanaã Ferraz e Raul Loureiro. São Paulo: Companhia das Letrinhas, 2016. Prêmio Melhor Livro de Poesia e Melhor Projeto Editorial, pela Fundação Nacional do Livro Infantil e Juvenil.

ENSAIO

Vinicius de Moraes. São Paulo: Publifolha, 2006. Coleção Folha Explica.

ORGANIZAÇÃO

Caetano Veloso, *Letra só*. Vila Nova de Famalicão, Portugal: Quase, 2001; São Paulo: Companhia das Letras, 2003.

Vinicius de Moraes, *Cinema*. Lisboa: O Independente, 2004.

Poesia completa e prosa de Vinicius de Moraes. Rio de Janeiro: Nova Aguilar, 2004.

Caetano Veloso, *O mundo não é chato*. Lisboa: São Paulo: Companhia das Letras, 2005.

Vários autores, *Veneno antimonotonia*. Rio de janeiro: Objetiva, 2005.

Vinicius de Moraes, *Poemas esparsos*. São Paulo: Companhia das Letras, 2008.

Vinicius de Moraes,*Vinicius menino*. Ilustrações de Marcelo Cipis. São Paulo: Companhia das Letrinhas, 2009.

Carlos Drummond de Andrade, *Alguma poesia: O livro em seu tempo*. São Paulo Instituto Moreira Salles, 2010.

Carlos Drummond de Andrade, *Uma pedra no meio do caminho: Biografia de um poema*. Ed. ampl. São Paulo: Instituto Moreira Salles, 2010.

Vários autores. *A lua no cinema*. Ilustrações de Fabio Zimbres. São Paulo: Companhia das Letras, 2011.

Fayga Ostrower ilustradora. São Paulo: Instituto Moreira Salles, 2011.

Carlos Drummond de Andrade, *Versos de circunstância*. São Paulo: Instituto Moreira Salles, 2011.

Vinicius de Moraes, *Jazz & Co*. São Paulo: Companhia das Letras, 2013.

Marlene de Castro Correia. *Drummond: Jogo e confissão*. São Paulo: Instituto Moreira Salles, 2015.

Inconfissões: Fotobiografia de Ana Cristina Cesar. São Paulo: Instituto Moreira Salles, 2016.

Adriana Calcanhotto, *Pra que é que serve uma canção como essa?* Rio de Janeiro: Bazar do Tempo, 2016.

Chichico Alkmim: Fotógrafo. São Paulo: Instituto Moreira Salles, 2017.

Vinicius de Moraes, *Todo amor*. São Paulo: Companhia das Letras, 2017.

Sophia de Mello Breyner Andersen, *Coral e outros poemas*. São Paulo: Companhia das Letras, 2018.

DVD

Consideração do poema. Concepção e seleção de poemas; direção, com Gustavo Rosa de Moura e Flávio Moura. São Paulo: Instituto Moreira Salles, 2012.

Vida e verso de Carlos Drummond de Andrade: *Uma leitura*. Direção e roteiro. São Paulo: Instituto Moreira Salles, 2014.

ESTA OBRA FOI COMPOSTA POR ACOMTE
EM MERIDIEN E IMPRESSA PELA LIS GRÁFICA EM OFSETE
SOBRE PAPEL PÓLEN BOLD DA SUZANO PAPEL E CELULOSE
PARA A EDITORA SCHWARCZ EM ABRIL DE 2019

A marca FSC® é a garantia de que a madeira utilizada na fabricação do papel deste livro provém de florestas que foram gerenciadas de maneira ambientalmente correta, socialmente justa e economicamente viável, além de outras fontes de origem controlada.